W0242095

Sabine Scheffer

Wir sind die Mädchen der 50er und 60er Jahre

Wartberg Verlag

Impressum/Fotonachweis

Private Bildgeber:
Marga Baldes-Kesting, S. 57 re.
Peter Balkhaus, S. 46
Paul Behrendt, S. 28 o.
Ruth Dreher, S. 53 o.
Marga Eiser, S. 54 u.
Vera Engel, S. 22 o.
Regina Fischer, S. 4, 51 u.
Beate Galinski, S. 27 re.
Mechthild Gärtner, S. 16
Margret Göbel, S. 19 u. li., 31 u.
Lieselotte Herker, S. 12
Gustav Hildebrand, S. 18 u., 28 u., 55 o., 56, 57 li., 60, 61 u. li.
Christa Horn, S. 40 u. li., 47 u. li.
Ursula Horn, S. 11 u.
Ursula Hübenthal, S. 39 li., 45 o. re.
Elke Hühn, S. 5 o.
Elisabeth Juckel, S. 18 o.
Doris Jung, S. 51 o.
Hans-Joachim Klein, S. 59
Gisela Koch, S. 35
Josef König, S. 49 o.
Lydia König, S. 40 o. li.
Marlies Königshofen, S. 61 o.
Wolfgang Lammel, S. 45 o. li.
Doris Latzinka, S. 37
Ilse Laube, S. 41 u.
Juliane Laudenberg, S. 49 u.
Renate Lepper, S. 50 o.
Rosemarie Lesniewski, S. 39 re.
Christel Linnebach, S. 45 u. re.
Gisela Martens, S. 38 o. li.
Lotte Melk, S. 13
Gisela Moerschel, S. 6 u., 58
Waltraud Müller, S. 7 u.
Gloria Pense, S. 21 o. li.
Inge Peppinghaus, S. 34 o.
Oscar Poss, S. 6 o. re., 8, 9, 15 u., 26, 30
Gaby Rehnelt, S. 32 u.
Waltraud Rein, S. 32 o.
Dagmar Rohrbach, S. 55 u.
Helga Rosenau, S. 36
Eugen Sauter, S. 7 re., 11 o., 29, 34 u.
Karl-Heinz Schabacker, S. 33
Inge Schäfer, S. 23 u.
Heinz Schlöffel, S. 23 o.
Rosemarie Schlosser, S. 31 o.
Georg Schmidt, S. 7 o. li., 10 re., 20, 21 u. re., 22 u., 38 u. li., 42, 48, 63
Christa Schneider, S. 17, 40 re., 45 u. li.
Rosemarie Scholz, S. 14
Kerstin Schöneberg, S. 41 o.
Elke Schüttrichkeit, S. 24
Anita Simon, S. 15 o.
Margret Theunissen, S. 25
Jutta Völmecke, S. 47 o. li.
Gerhard Wagenbach, S. 54 o.
Christl Wallenwein, S. 50 u.
Inge Weißing, S. 61 u. re.
Waltraud Wenz, S. 5 u.
Annemarie Zwer, S. 19 u.

Archive und Museen:
Stadtarchiv Bochum, S. 10 li., 27 li., 47 re.
Museum und Stadtarchiv Butzbach, S. 6 o. li., 53 u.
Stadtarchiv Gladbeck, S. 19 o., 38 re., 44
Stadtarchiv Wiesbaden, S. 43,52

1. Auflage 2004
Alle Rechte vorbehalten, auch die des auszugsweisen Nachdrucks
und der fotomechanischen Wiedergabe.
Druck: Thiele & Schwarz, Kassel
Buchbinderische Verarbeitung: Büge, Celle
© Wartberg Verlag GmbH & Co. KG
34281 Gudensberg-Gleichen, Im Wiesental 1
Telefon 05603/93050 • www.wartberg-verlag.de
ISBN 3-8313-1454-3

Vorwort

Mitten in den 50er Jahren erlebte eine schöne amerikanische Schauspielerin ein Märchen. Sie heiratete Fürst Rainier III. von Monaco. Die makellose, elegante, kühle Blondine war einer der beliebtesten Hollywoodstars der frühen fünfziger Jahre. Nun, ab 1956, wurde aus Grace Kelly, der glamourösen Schönheit, Fürstin Gracia Patricia von Monaco. Ihren Fürsten hatte sie bei Dreharbeiten zum Hitchcock-Film „Über den Dächern von Nizza" kennen gelernt. Ihr Filmpartner war der Superstar und Frauenschwarm Cary Grant.
Der Traum vieler Mädchen ihrer Zeit war für die Amerikanerin wahr geworden: Heiraten und dadurch Prinzessin, Königin oder die Frau eines Filmstars werden. Noch war es selbstverständlich, dass die Frauen einmal heiraten und Kinder bekommen würden. Noch lernten die Mädchen und jungen Damen einmal in der Woche in der Tanzstunde, wie man sich formvollendet benimmt. Benimmregeln waren sehr wichtig für ein wohlerzogenes Fräulein. Eine Dame musste wissen, wie sie zu sitzen hat – Knie eng zusammen, Füße nebeneinander –, wie man die Haut pflegt und wie man elegant geht. Sie balancierten dicke Bücher auf dem Kopf, um den aufrechten Gang zu üben. Ihre Tanzlehrer waren ausgesucht höflich und äußerst seriös. Von ihnen erfuhren die eifrigen Schülerinnen auch, wie sich eine Dame dem Herren gegenüber verhält ...

In diesen Jahren waren Deutschlands Straßen noch beinah autofrei. Ein Auto war hauptsächlich für berufliche Zwecke da, wenn man sich überhaupt eines leisten konnte. Trotzdem durften die Ehefrauen schon einen Führerschein machen, aber selbstverständlich war das nicht. Doch auch das gehörte zum Fortschritt und der brach sich im Deutschland des Wirtschaftswunders unaufhörlich Bahn.

Doch man litt auch noch unter den Folgen des Krieges, noch gab es zahlreiche Baulücken und Trümmergrundstücke in den Städten, noch litt manche Familie wirtschaftliche Not. Wohnungen waren knapp und längst nicht alle mit Badezimmer und Toilette ausgestattet, das Klo für mehrere Familien im Treppenhaus keine Seltenheit. Noch gingen die Kinder zu Fuß zur Schule und liefen nachmittags kilometerweit, nur um ins Schwimmbad zu kommen. Bombentrichter voll Wasser waren die Tümpel, in denen Kinder Molche fingen und sich ordentlich schmutzig machten, obwohl sie das nicht durften. Nach der Schule trafen sie sich draußen zum Murmelnspielen, Seilspringen und Ballspiel. Doch viel zu oft mussten sie nachmittags die jüngeren Geschwister hüten.

Dann gab es plötzlich überall Bananen und mancher biss in die gelbe Schale, weil er die Frucht nie zuvor gesehen, geschweige denn gegessen hatte. Jetzt waren die Läden voll. Man konnte kaufen, was man wollte, vorausgesetzt man konnte es sich leisten. Mit dem Wirtschaftswunder kam das Geld in die Familien. Nun wurde das erste Fernsehgerät gekauft, ein Motorrad oder gar ein Auto. Man zeigte, was man hatte und war darauf mächtig stolz.

Und dann ging es rasend schnell voran. Plötzlich machten alle Realschülerinnen eines Abschlussjahrganges eine Ausbildung. Lehrstellen gab es in Hülle und Fülle. Die jungen Damen wählten die damals typischen Frauenberufe, viele gingen ins Büro. Die heutige Vielfalt an Berufsmöglichkeiten für Frauen gab es noch nicht.

Die ersten Italiener eröffneten ihre Eiscafés. Die Musikboxen spielten dort Rock 'n' Roll. Das so genannte Wirtschaftswunder schritt voran.
Erst in den späten fünfziger Jahren kam mit den Beatles die Revolution ins Land. Es gab die ersten amerikanischen Jeans, mit 29 DM allerdings für viele noch unerschwinglich. Beatmusik wurde schick, die jungen Männer ließen sich die Haare lang wachsen und rebellierten gegen die Eltern.
In den 60ern gab es italienische Pizzerien, amerikanische Filme, englische Beatmusik und noch immer wieder neue spannende Hitchcock-Filme.
1965 kam der Song „I Can't Get No Satisfaction" von der englischen Rockband „The Rolling Stones" heraus. Das war die Musik, die das Lebensgefühl einer ganzen Generation widerspiegelte. Die materiellen und wertkonservativen Ziele der Eltern waren nicht mehr ihre.
Die Jugendzeitschrift Bravo und Oswald Kolle klärten sie auf, und nun rebellierten auch die jungen Frauen. Sie trugen keine BHs mehr, gingen zur Universität, studierten und demonstrierten. Heiraten und Kinder kriegen waren nicht mehr die einzigen Ziele in ihrem Leben.
Eine Epoche ging zu Ende ...

Süüüüß!

Wenn man als Kind in den 50er Jahren ein paar Pfennige gespart – Taschengeld gab es damals nicht regelmäßig – oder der Opa seine Spendierhosen anhatte und jedem Kind großzügig fünf Pfennige gab, konnte man sich Brausepulver kaufen. Ahoi-Brause kostete ein paar Pfennige und gehörte zum Sommer, wie barfuß laufen, aufgeschlagene Knie und heruntergerutschte Kniestrümpfe.

Die Brause gab es im Laden um die Ecke in kleinen bunten Papiertütchen mit rotem, grünem oder gelbem Aufdruck. Das bunte Pulver wurde einfach auf die Hand geschüttet und abgeleckt. Das prickelte lustig im Mund. Vielleicht durfte man auch die feuchte Fingerspitze in das Tütchen der besten Freundin stippen und ihre Brause probieren ...

Manchmal wurden die Kinder allein in den Kaufladen geschickt und kamen sich dann mächtig erwachsen vor. In den alten Kaufläden gab es hohe Schränke, mit unzähligen Schubladen. Auf dem Tresen stand eine große Waage mit vielen verschiedenen Gewichten. Auf ihr musste alles umständlich abgewogen werden: Zucker, Mehl, Nudeln und Salz, welches in Säcken lagerte. Alle Waren wurden lose verkauft, nichts war verpackt, alles wurde abgemessen, abgewogen und in Papiertüten abgefüllt. Da standen Fässer mit Sauerkraut oder Gurken und, besonders verführerisch, Gläser mit Bonbons in allen Farben ...

Süüüß, die kleine Regina 1956 in ihrem Schottenkleidchen und sooo stolz auf den schönen Puppenwagen. Er war aus Holz und vom Papa in Beige und Rosa angestrichen – ein wahrer Puppentraum. Beim Puppenkind, das eine erstaunliche Ähnlichkeit mit seiner niedlichen Besitzerin aufweist, handelt es sich um eine Schildkrötpuppe – heute ein begehrtes Sammlerstück.

▲ Stolz und ganz ernst guckt die kleine Elke in die Kamera. Gemeinsam mit ihrer Mutter hält sie ein wenige Tage junges Ziegenlämmchen für das Foto fest. Dabei muss man aufpassen, dass die Ziege sich nicht wehtut, aber auch nicht wegläuft. Ihre große Schwester Marlis ist schon viel mutiger und drückt den kleinen Freund beherzt an sich. Die süßen, lebhaften Lämmchen wurden von den Kindern geliebt. Ihre Geburt war jedes Jahr ein großes Ereignis für die ganze Familie.

◀ Zwei süße Leckermäulchen, die Zwillingsschwestern Irmgard und Waltraud, genießen ein Eis. War es Erdbeer-, Schokolade-, Vanille- oder Nusseis? Es gab noch nicht so viele Sorten wie heute. Wenn der Eismann mit seinem Bauchladen oder dem Eiswagen kam, war das für die Kinder eine Sensation. Es wurde bei Mama oder Papa so lange gequengelt, bis man ein Eis bekam. Das tröstete auch sofort über das Ledergeschirr hinweg, mit dem die Süßen im Kinderwagen festgehalten werden sollten, das aber die Bewegungsfreiheit schon sehr einschränkte ...

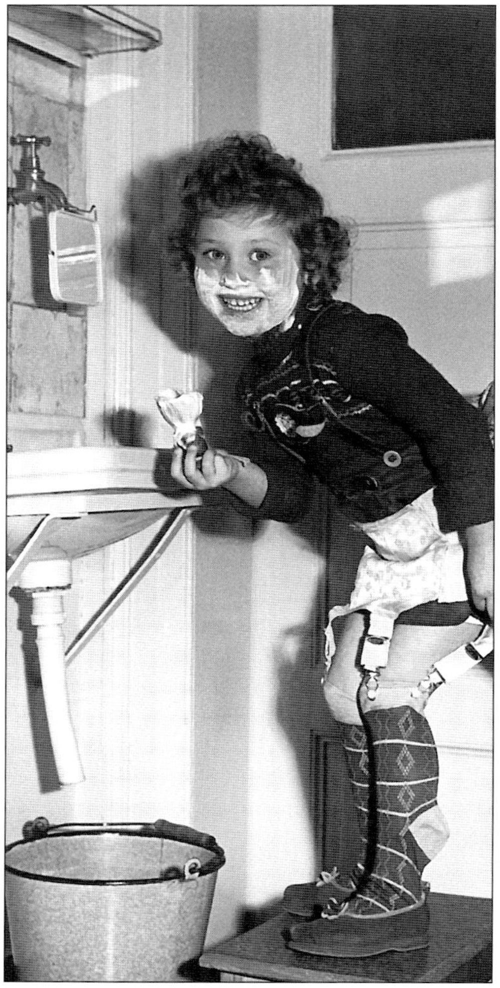

▲ Gabi hat viel Spaß beim Verkleiden. Mit Papas Rasierpinsel hat sich das Mädchen das Gesicht eingeschäumt – schließlich muss der Bart ab, koste es, was es wolle. Auch Mamas Strumpfhalter sind prima zum Spielen. Mit den Sachen kann man so tun, als wäre man Mama und Papa zugleich und natürlich längst erwachsen. Der Rasierspiegel hängt am Kaltwasserhahn, warmes Wasser aus dem Hahn gab es noch nicht. Das Abwasser lief in einen Eimer und musste weggetragen werden.

▲ Das fröhliche Mädchen mit dem Kopftuch ist offenbar schon groß genug, allein zum Kaufmann zu gehen. Mit einem Liter Frischmilch und einem knusprigen Bauernbrot kommt das Kind nach Hause und Mutti ist bestimmt sehr stolz, wie gut ihre „große Tochter" diese Aufgabe erfüllt hat.

▶ Gisela trägt zur Feier des Tages „Affenschaukeln", Zöpfe, die mit dem unteren Ende am Zopfanfang festgebunden werden. Eine typische Mädchenfrisur und ganz modern in dieser Zeit. Sie hat Geburtstag, den zwölften, und präsentiert dem Fotografen stolz die leckere Sahnetorte. Da läut einem wirklich das Wasser im Mund zusammen!

◄ Die kleine Antje mit dem Schleifchen im Haar strahlt im Kreise ihrer älteren Spielkameradinnen. Das Mädchen wurde ein Jahr nach Kriegsende geboren und ist ein „Besatzungskind". Die amerikanischen Väter dieser Kinder verschwanden bald wieder in ihre Heimat. Viele von ihnen wussten nicht, dass sie in Deutschland Kinder hatten. Die Mütter der Kinder hatten es schwer, sie wurden unerbittlich verachtet.

▲ Glücklich hält der Opa mit seinen rauen Arbeiterhänden das süße Enkelkind auf dem Arm. Der Blick der Kleinen verrät, dass auch sie von so viel großväterlicher Zärtlichkeit ganz überwältigt ist. Die Großeltern verbrachten in den Fünfzigern viel Zeit mit ihren Enkeln, übernahmen einen großen Teil der Kinderbetreuung und wussten immer eine spannende Geschichte aus der guten alten Zeit zu erzählen.

◄ Der schicke neue Kinderwagen ist für die kleine Waltraud noch eine Nummer zu groß. Sie will ihren kleinen Bruder aber unbedingt spazieren fahren. Die Kleine hat wahrscheinlich mehrere Anläufe und viel Kraft gebraucht, um den Wagen endlich doch zu bewegen. Waltraud trägt ein von der Mutter selbst genähtes Trägerröckchen und ihre weißen Sonntagskniestrümpfe.

Spielend groß werden

Holzroller, Kaufmannsladen, Bollerwagen, Murmeln, Puppenwagen und Puppe: In den Fünfzigern gab es zwar nur wenig Spielzeug für das einzelne Kind, Kinder jedoch gab es viele. Nach 1945 waren Flüchtlinge ins Land geströmt und hatten ihren Nachwuchs mitgebracht. Die Kinder waren viel draußen an der frischen Luft und tobten über Höfe, durch Gärten und Trümmergrundstücke. Bombentrichter voller Wasser waren spannende Orte, weil man dort Molche und Frösche fangen konnte, wenn man geschickt genug war. Eigentlich war es viel zu gefährlich zum Spielen, weil immer etwas abrutschen oder einstürzen konnte. Trotzdem gingen alle hin, spielten Verstecken in den Ruinen oder machten Lagerfeuer. Die Tatsache, dass es verboten war, machte das Spiel nur noch abenteuerlicher und spannender.

Die Kinder hatten immer genug Spielkameraden und nachmittags waren fast alle Gören auf den Straßen, die man damals noch als Spielplatz nutzen konnte, weil es nur wenige Autos gab. Oder sie spielten zu mehreren im Wald, bauten Holzhütten und schnitzten Schiffchen, deren Fahrt auf dem Bach dann entlang des Ufers verfolgt wurde. Manchmal landete dabei auch einer im Wasser, doch bis es nach Hause ging, waren die Kleider längst wieder trocken. Beliebte Spiele waren auch Vater, Mutter, Kind, Räuber und Gendarm sowie später auch Cowboy und Indianer …

Jedes Jahr zu Weihnachten wurde der Kaufmannsladen neu gefüllt. Da gab es kleine Pappschachteln mit dem Aufdruck gängiger Produkte. Verkaufen konnte man aber auch lose Rosinen, Mehl und Haferflocken. Diese wurden ordentlich abgewogen und in Papiertütchen verpackt – wie im richtigen Laden eben. In die kleine Registrierkasse wurden alle Beträge sorgfältig eingegeben. Dann fehlten nur noch die Kunden. Jeder, der vorbeikam, musste einkaufen und wurde selbstverständlich mit größter Höflichkeit bedient. So hatte sich die Kleine das beim richtigen Kaufmann abgeschaut, wenn sie mit Mutti einkaufen ging.

▲ Zum gemeinsamen Seilspringen gehörten Abzählreime, die die Seildreherinnen im Chor aufsagen mussten. Es gab verschiedene Geschwindigkeitsstufen und Schwierigkeitsgrade. Wenn die Schule aus war, flogen die Ranzen in die Ecke und los ging's. Hui, da flogen die Pferdeschwänze und wehe man kam aus dem Takt ...

▶ Wenn das Bett im Puppenwagen neu gemacht werden musste, landete der Teddy schon mal auf der Erde – schließlich konnte man sich nicht um alles gleichzeitig kümmern. Die Puppenwagen mit den Holzrädern, mit denen man auf dem Kopfsteinpflaster nur schwerlich vorankam, wurden auch gern mal zum Transportieren von anderen Dingen wie Äpfeln, Himbeersaft oder Kuchenstückchen verwendet. Die Mütter oder ältere Geschwister hatten dabei immer ein wachsames Auge auf die beiden Puppenmuttis.

▲ Im kargen Grün vor den Bochumer Fördertürmen spielten diese Mädchen 1953 „Vater, Mutter, Kind“. Da musste der kleine Bruder im Kinderwagen, auf den man sowieso aufpassen sollte, schon mal als „Kind“ herhalten. War gerade kein Junge da, übernahm eben eines der Mädchen die „Vaterrolle“ – man hatte ja schließlich Fantasie.

▶ Murmeln, Klicker, Schusser ... in jeder Region Deutschlands heißen sie anders, die kleinen bunten Glaskugeln. Die Spielkameraden konnten auf der Straße Stunden damit verbringen, die Kugeln der Gegner wegzuschießen und die eigenen in die kleine Vertiefung zu bugsieren. Mit etwas Geschick konnte man sämtliche Murmeln seiner Mitspieler gewinnen. Ob die dann später allerdings wieder mit einem spielen wollten?

◀ „Familienausflug“ der Puppenmutti mit ihren Kindern, aus Sicherheitsgründen allerdings vorerst noch innerhalb der Wohnung. Sie war wohl in aller Eile aufgebrochen, sodass die Puppen nur recht spärlich bekleidet sind. Jetzt gilt es im Flur die Kurve zu kriegen ...

◀ In der „Schlachtemulle“ oder im Wäschebottich ließ es sich im Sommer prima planschen. Manchmal gab’s aber auch Tränen, wie hier 1963, wenn etwa die große Schwester mit Wasser spritzte oder sich den Platz im Holzbottich gesichert hatte, den man selbst gern gehabt hätte.

Die Schwestern Gabriele und Verena waren extra zu Weihnachten mit neuen Matrosenkleidern eingekleidet worden. Ihre Mutter hatte sie selbst genäht. Unterm Tannenbaum, damals mit echten Kerzen geschmückt, haben die Mädchen neues Holzspielzeug gefunden. Ihr Gabentisch fiel recht bescheiden aus und trotzdem haben sie den ganzen Abend und wochenlang nach dem Fest nur mit dem neuen Spielzeug gespielt.

Welch eine Überraschung! Da staunte die kleine Sigrid nicht schlecht – die strahlenden Kinderaugen verraten es – als sie ein Puppenhaus unterm Weihnachtsbaum fand. Auch in der Puppenstube ist Weihnachten, im Wohnzimmer oben links steht ein kleiner Baum. Was das Mädchen nicht ahnte, ist, dass schon ihre Mutter damit gespielt hatte. Aber auch Puppenstubenwände lassen sich immer wieder neu tapezieren und mit den Möbeln geht man ohnehin vorsichtig um.

Von der Schultüte bis zum Abitur

Wer endlich in die Schule gehen durfte, war mächtig stolz, das war in den 50er Jahren nicht anders als heute. Endlich gehörte man zu den „Großen“ und konnte mitreden. Man bekam eine Schultüte voller Schulutensilien und süßer Leckereien sowie einen Schulranzen. In der Nachkriegszeit waren die Ranzen oft aus Stoffresten genäht, die mit Pappe verstärkt wurden. Später gab es Lederranzen, die der Schuhmacher anfertigte und in den folgenden Jahren immer wieder flickte. Manchmal wurden sie sogar an die Geschwister „vererbt“.
Ein „Zuckerschlecken“ war die Schule damals nicht. Meistens waren die Lehrer männlich, oft alt und im Krieg gewesen. Das hatte seine Spuren hinterlassen und hinterließ sie auch bei den Schülern. Durch den Zustrom von Flüchtlingskindern wuchsen die Schulklassen auf eine Klassenstärke von 40 oder mehr Kindern an. Da war Disziplin angesagt. Die Schüler mussten still sitzen, durften nicht lachen, nicht schwätzen und auf keinen Fall dazwischenreden. Die Lehrer waren streng und furchtbar steif.
Die allgemeine Raumnot in vielen zerstörten Städten nach dem Krieg und die hohen Schülerzahlen wirkten sich auch auf den Unterricht aus. Mancherorts wurde deshalb regelrecht im „Schichtbetrieb“ unterrichtet, es gab eine Morgenschicht und eine abends ...

Ganz stolz, wie jedes Kind am ersten Schultag, ist auch die Erstklässlerin Rosemarie im September 1957. Ab jetzt gehörte sie zu den Großen. Sie bekam einen neuen Schulranzen und ein Griffelpennal. Dazu gab es eine große Zuckertüte. Leider war darin mehr Knüllpapier als Süßigkeiten. Ganz unten fand sich aber eine Taschenlampe – ein wahrer Schatz, um abends heimlich unter der Bettdecke Bücher anzuschauen.

▲ Kurz vor ihrem Schulabschluss sind diese fünf jungen Damen 1963 fotografiert worden. Vier Wochen nach dieser Aufnahme hatten sie die Volksschule verlassen, die damals nach der achten Klasse endete. Wer sich weiterbilden wollte, musste „höherklassig“ weitermachen.

◄ „Künstlerische Pause“ auf dem Nachhauseweg: Für Kinder, die nicht die Schule im Heimatdorf besuchen konnten, war der Schulweg manchmal lang und langweilig. Da kam man schon mal auf die Idee, mit einem stibitzten Kreiderest aus der Schule einen Bretterzaun am Weg zu „verschönern“.

In Mechthilds Klasse waren 36 Mädchen, die meisten von ihnen schon mit modischer Kurzhaarfrisur. Nur drei von ihnen trugen 1955 noch traditionell geflochtene Zöpfe. Sie besuchte zwar eine Schule für Mädchen und Jungen, aber gemeinsamen Unterricht gab es nicht. Da gab es eine strikte Trennung: Auf der einen Seite des Gebäudes lernten die Jungen, auf der anderen Seite die Mädchen.

Für Christa fiel die Zuckertüte etwas kleiner aus. Auch sie trägt stolz ihren neuen Lederranzen auf dem Rücken und, zum ersten Mal, das neue Schulkleid. Zum Spielen am Nachmittag musste man das „gute Kleid“ aber ausziehen, sonst wurde die Mutti böse.

▶ Der Lehrer Kirschner leitete an Elisabeths Schule die Mundharmonikagruppe. Fein gemacht und mit ordentlich geflochtenen Zöpfen stellte sich die Gruppe in den 50er Jahren dem Fotografen. Da lag Musik in der Luft! Der Siegeszug des Radios und Fernsehens beendete die Tradition des gemeinsamen Musizierens bald weitgehend.

▼ Ein heimlicher Blick auf den nackten Arm half dieser jungen Dame während des Unterrichts in ihrer Not. Sie hat sich eine chemische Formel zum „Spicken" auf den Arm geschrieben und brauchte diese nun nur noch abzuschreiben. Das Fräulein war Schneiderlehrling und besuchte erst eine Textilfachschule und dann eine Meisterschule für Mode.
Hoffentlich ist sie nicht erwischt worden!

◀ Auf der Abiturfeier dieses Mädchengymnasiums 1965 gab es nicht nur ein volles Haus, sondern wahrscheinlich auch eine Kleiderordnung, die gedeckte Farben vorschrieb. Die höheren Bildungsanstalten waren die Aushängeschilder im klassischen Bildungsbereich. Manche Schülerin scheint auf diesem Foto von 1965, am Vorabend der 68er-Studentenbewegung, mit ihrer Kleidung eine Neigung zum Existenzialismus auszudrücken.

▼ Die toupierten Haare sind hochmodern, die schicken Pumps und Kostüme sind es ebenso. So präsentierten sich die Hauptschülerinnen der Abschlussklasse 1964. Soll noch einmal einer sagen, die heutigen Jugendlichen sähen alle gleich aus ...

◀ Eine Abiturientin war in den frühen 50er Jahren so ungewöhnlich, dass sie während ihrer schriftlichen Prüfung fotografiert worden ist. Es sollte noch über 50 Jahre dauern, bis die Mädchen endlich aufgeholt hatten. Lange Zeit hieß es, dass Mädchen kein Abitur machen brauchten. Sie sollten heiraten und sich um die Kinder und den Haushalt kümmern.

Erst im Jahr 2004 machen erstmals mehr Mädchen als Jungen Abitur.

Unterwegs

In den Sommerferien ging es in den 50er Jahren für viele Kinder raus aufs Land ins Landschulheim. Nach den entbehrungsreichen Kriegsjahren waren viele Kinder geschwächt, blass und kränklich. Auf dem Land wurden sie wieder aufgepäppelt, bis sie mit roten Backen und sonnengebräunt zurück in die Stadt kamen.

In den Fünfzigern war es für Kinder und Jugendliche eine tolle Sache, ein eigenes Fahrrad zu besitzen. Wer eines hatte, war stolz darauf. Urlaubsreisen konnte sich damals kaum jemand leisten. Deshalb machten sich die Älteren in den Ferien auf den Weg und radelten kreuz und quer durch Deutschland. Manche schafften es per Drahtesel sogar bis ins Ausland und schwärmen noch im Erwachsenenalter von diesen Touren.

Es war ein großes Abenteuer, an den Bodensee zu radeln, an die Nordsee oder in die Schweiz. Man strampelte 50 oder mehr Kilometer an einem Tag und hielt das nicht für etwas Besonderes. Übernachtet wurde im mitgebrachten Zelt bei einem Bauern auf der Wiese. Der hatte oft ein Herz für die jungen Abenteurer und spendierte ein warmes Abendessen.

▲ Große Urlaubsreisen waren für die Mehrheit der Deutschen in den frühen 50er Jahren noch kein Thema. Man verreiste innerhalb Deutschlands an den Rhein, die Ostsee, in die Berge, oder wie hier im Bild, nach Helgoland. Auf der Insel gab es die Möglichkeit, zollfrei einzukaufen. Eine Chance, die die Inselbesucher eifrig nutzten. Wer Geld genug hatte, kaufte Parfüm, alkoholische Getränke und Tabakwaren auf Vorrat.

▲ Nicht nur die kleine Conny Froboess packte in den 50ern „die Badehose ein". Auch Gloria genoss die Sonne im Strandbad Wannsee. Wenn das Wetter schön war, ging das Mädchen mit ihrem großen Bruder und den Eltern jedes Wochenende zum Baden an den Wannsee. Die Zeit dort gehört zu Glorias schönsten Kindheitserinnerungen. Die Familie war 1957 froh, aus der Stadt mit ihren zahllosen Ruinen herauszukommen und endlich mal keine Trümmer zu sehen.

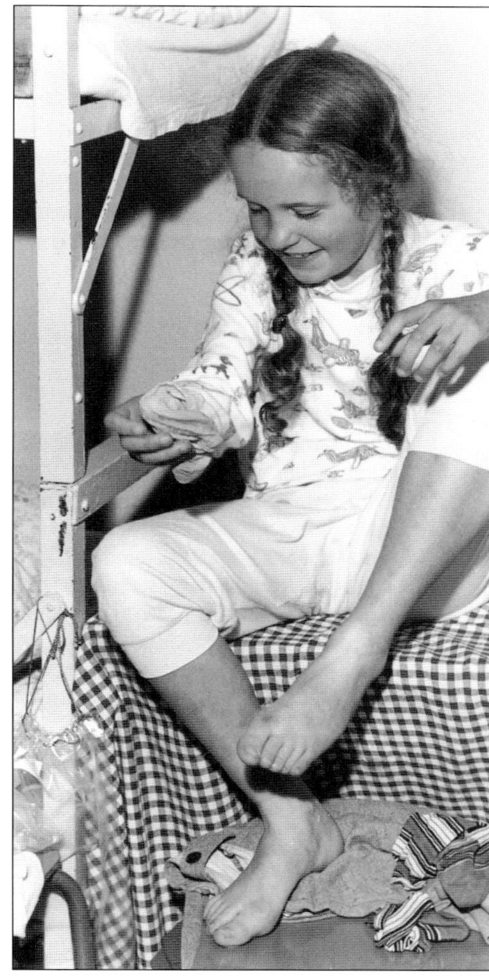

◄ ▲ Die Mädchen in ihren praktischen Schlafanzügen waren Gäste im Landschulheim. In den Waschräumen wurden frühmorgens wahre Wasserschlachten geschlagen, allerdings nur mit kaltem Wasser. Die Ferien im Landschulheim waren ein großes Abenteuer, schließlich zogen die Kleinen mit Sack und Pack, aber ohne Eltern los. Viele waren zum ersten Mal auf sich allein gestellt.

◀ Die eigene Wolldecke nahm man sicherheitshalber mit, wenn man auf Reisen ging. Die kleine Vera und ihre Familie fuhren 1953 mit der Bahn in die Schweiz. Reisen war eine aufregende Sache. Schließlich verreiste man nicht jedes Jahr. Nach den langen Jahren der Entbehrungen bekam das Leben wieder Farbe und Ausflüge, Reisen, Feste und Tanzstunden eroberten sich ihren Platz im Alltag zurück. Fünf Jahre nach der Währungsreform konnte man sich langsam wieder etwas gönnen.

▼ Wer konnte, fuhr in den 50er Jahren mit dem eigenen Auto raus ins Grüne zum Camping. Mit Luftmatratzen, Klapptisch und einem kleinen Zelt war man bestens ausgerüstet. Zu Beginn des deutschen Wirtschaftswunders flohen die Menschen, so oft es ging, aus den zerstörten Städten in die Natur. Die große Zeit des Campings begann. Doch noch fuhren die sonnenhungrigen Städter nicht weit und schlugen die Zelte in der Nähe ihres Wohnortes auf.

Diese beiden Freundinnen zelteten mit ihren Eltern auf einem Campingplatz am Fluss. Nachdem die Familie in den frühen 60er Jahren diesen idyllisch gelegenen Zeltplatz entdeckt hatte, sollte sie 25 Jahre lang regelmäßig dorthin zurückkehren. Nur eine halbe Autostunde von ihrer Wohnung in der Stadt entfernt, hatten diese Menschen ihr Paradies in der Natur gefunden. Die Mädels hatten, wie man sieht, auf jeden Fall ihren Spaß.

Die Konfirmandinnen, noch ganz züchtig mit langen Zöpfen und Röcken, durften 1954 ein bisschen den Duft der weiten Welt schnuppern. Von Hessen war die Gruppe nach Heidelberg gefahren und besichtigte die Sehenswürdigkeiten der Stadt. Vor der imposanten Kulisse des Heidelberger Schlosses, eines der beliebtesten Touristenziele dieser Zeit, haben sie sich für den Fotografen aufgestellt. Schließlich wollte man den Daheimgebliebenen ja zeigen, wo man gewesen war.

▲ Diese Landwirtschaftsschülerinnen fuhren 1960 auf eine viertägige Klassenfahrt nach Bremerhaven und auf die Insel Norderney. Kurze Lockenfrisuren waren bei den jungen Frauen groß in Mode. Diese Frisur trotzte sicherlich auch dem Wind auf Norderney, wo die fröhlichen jungen Damen eine Dünenwanderung machten. Barfuß, flott gekleidet und mit zwei Wandergitarren ausgerüstet, wird hier im warmen Sand gerastet.

◀ Mit dem Fahrrad auf große Tour ging diese Jugendgruppe in den 60er Jahren. Damit sich die Eltern nicht allzu große Sorgen machen mussten, war auch die Gruppenleiterin dabei. Fahrradtouren waren in dieser Zeit noch für viele die einzige Möglichkeit, „etwas von der Welt" zu sehen. Und so mancher legte per Rad beachtliche Strecken zurück. Tagestouren von 50 Kilometern und mehr waren keine Seltenheit.

Typisch Mädchen

In den frühen 50er Jahren trug die Mehrzahl der Mädchen noch lange geflochtene Zöpfe und züchtige Röcke oder Kleider. Das war so typisch wie die Schürze, die man im Haushalt und im Garten trug. Mit der Rock-'n'-Roll-Musik kam später der Pferdeschwanz, ein modisches Muss zum heiß geliebten Petticoat. Aber das galt vorerst nur für die Stadt.
Auf dem Land ging man nicht ohne Kopftuch vor die Tür. Verschiedene Kopftücher für unterschiedliche Gelegenheiten gehörten zum Dorfalltag. Noch war das Geld in den Familien knapp, und so nähten die jungen Frauen und Mütter selbst. Jetzt zahlte sich der Handarbeitsunterricht aus, den die Mädchen in der Schule gehabt hatten. Handarbeiten für Jungs waren „unmännlich", sie hatten stattdessen Werken.
Die kleinen Puppenmuttis strickten, häkelten und nähten natürlich auch für ihre Puppenkinder. Eine Puppe wurde damals mehrmals verschenkt. Jedes Jahr zu Weihnachten wurde sie neu eingekleidet und lag wieder auf dem Gabentisch ...

Das Handarbeits- oder Nähkörbchen, wie die beiden eines haben, zählte zur Grundausstattung eines Mädchens in den 50er Jahren. Diese beiden Landmädels mit ihren gemusterten Schürzen sitzen nach der Schule in der Sonne. Sie üben fleißig das Sticken und Stricken, denn das Strümpfestricken mit fünf Nadeln ist gar nicht so leicht. Sicher ist es eine Hausaufgabe aus dem Handarbeitsunterricht, den Strumpf zu Hause fertig zu stricken. Der Gesichtsausdruck verrät jedenfalls, dass sich beide große Mühe geben.

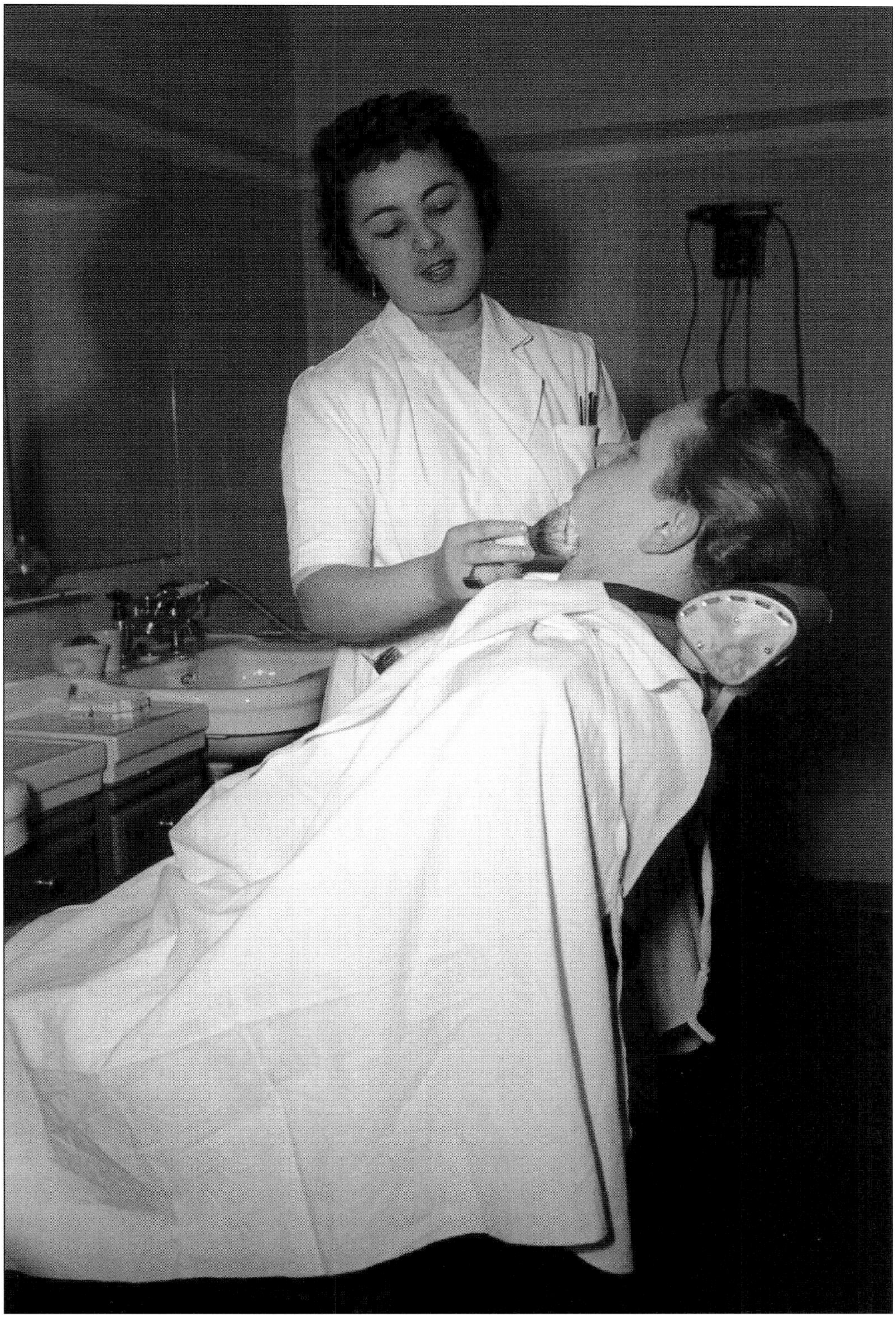

▲ Die glückliche kleine Beate 1957 an ihrem dritten Geburtstag. Mit strahlenden Augen hält das Kind eine Puppe im Arm. Im Hintergrund ist ihr Gabentisch mit neuen Hausschuhen und vielen anderen Geschenken reich gedeckt. Die Puppe gab es immer wieder als Geschenk. Sie wurde jeweils neu eingekleidet und das Mädchen durfte mit ihr spielen, bis sie vor Weihnachten wieder beim Puppendoktor verschwand.

Ein typischer Frauenberuf war und ist der der Friseurin. Zu ihren Aufgaben zählte nicht nur das Haareschneiden, sondern auch das Rasieren, das sich in den 50er Jahren noch, wer es sich leisten konnte, gern im Friseursalon erledigen ließ.

▶ Die Mädchen dieser Schulklasse hatten Handarbeitsunterricht, die Jungen Werken – das war in der Stadt nicht anders als im Dorf. Hier ist die Nähfrau mit im Bild, die den Unterricht erteilte. Sie war die Hochzeitsnäherin im Dorf und fertigte die Aussteuer der Bräute an. In den Nachkriegsjahren kam die Schneiderin ins Haus, blieb einige Tage, bekam Verpflegung sowie ein Zimmer, und nähte dafür. Neue Stoffe waren knapp. So wurden Fahnen und alte Uniformen zu Hosen, Röcken, Jacken und Mänteln umgearbeitet.

▲ Diese Puppenmutti hat es gut getroffen: weißer Trägerrock, weiße Sonntagskniestrümpfe und ein schicker Puppenwagen. Das kleine Modell glich den richtigen Kinderwagen und so fühlten sich die Kleinen schon mächtig erwachsen, wenn sie ihre Puppenkinder spazieren fuhren.

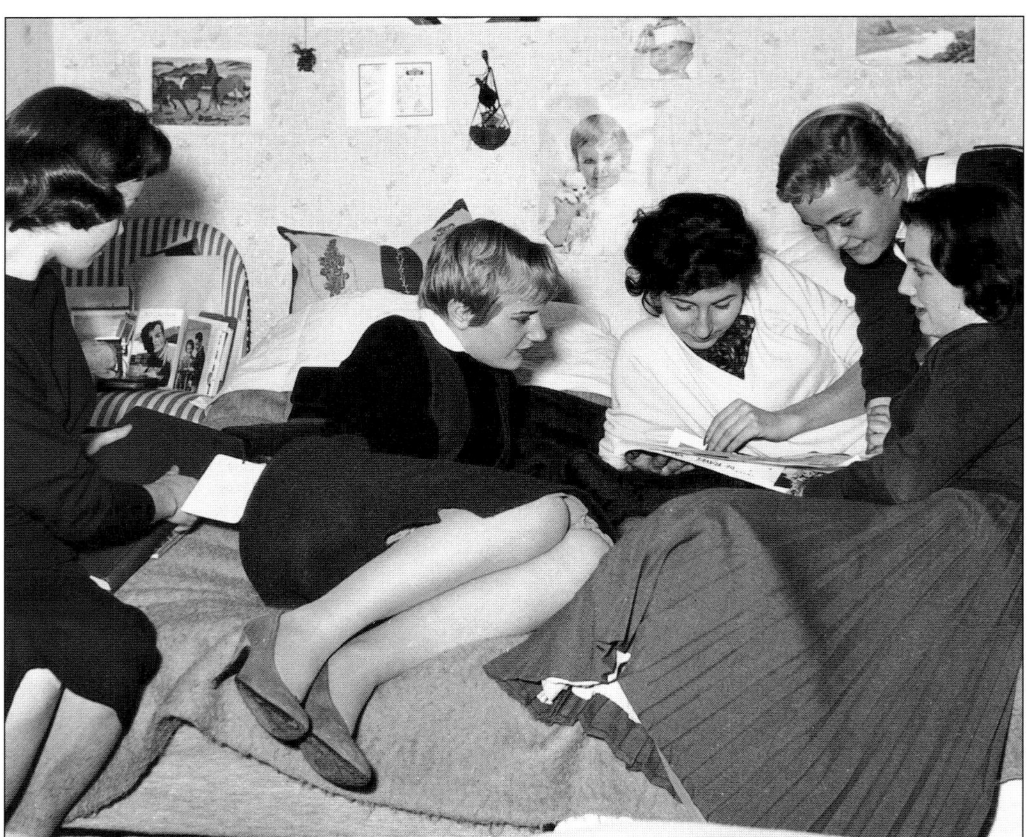

◀ „Typisch Mädchen" wird so mancher Junge denken: Die Mädels „glucken" zusammen, blättern in einer Illustrierten und träumen von der großen, weiten Welt. An den Zimmerwänden hängen Plakate aus der Luftfahrt, die Damen erträumen ihren ersten Flug, denn sie wurden im Internat zur Stewardess ausgebildet. Mit dem Ausbau des Flugnetzes rückte die Welt näher. Ab 1955 konnte man den Atlantik nonstop mit dem Flugzeug überqueren. 13 Stunden betrug die Flugzeit von Düsseldorf nach New York.

„Frauen" am Steuer

Endlich groß genug sein, um auf dem Fahrrad des großen Bruders oder der älteren Schwester fahren zu dürfen. Noch waren die Beine zu kurz, um an die Pedale heranzureichen, doch vielleicht im nächsten Jahr ... Dann musste manches Mädchen wochenlang betteln, bis endlich der große Tag da war und es ein paar Runden allein drehen durfte.

Der Spaß am Fahren war in den Fünfzigern und Sechzigern nicht nur den Männern vorbehalten, wenn die jungen Frauen auch häufig als schmückendes Beiwerk zum neuen Auto oder Motorrad betrachtet und auf Fotos auch so in Szene gesetzt wurden. Doch Mädchen und Frauen saßen durchaus auch begeistert am Steuer. Besonders die Vespa, ein kleiner schicker Motorroller aus Italien, eroberte die Städte und besonders die Gunst der Frauen. Üblicherweise saßen die jungen Damen zwar hinter dem Fahrer, schräg mit beiden Beinen auf einer Seite, damit die fünf Petticoats nicht zerknautscht wurden, aber immer öfter fuhren sie auch selbst. Viele Menschen träumten davon, endlich den ersten eigenen Wagen zu besitzen, zum Beispiel einen VW Käfer, der wie ein Augapfel gehütet wurde, wenn er endlich in der eigenen Garage oder vor dem Haus stand. Manches über die Jahre gut gepflegte Exemplar dieser Marke tut bis heute seinen Dienst und läuft und läuft und ...

Die kleine Schwester mit ihren nackten Füßen unter der Schürze braucht auf dem großen Fahrrad Hilfe. Noch erreicht sie mit den Füßen nicht den Boden und kann nur im Stehen die Pedale treten. Deshalb muss die große Schwester Hilfestellung leisten. Die Kleidung des großen Mädchens war für die damalige Zeit übrigens eine kleine Sensation – Hosen statt Kleid und Schürze, praktisch, aber nicht sehr mädchenhaft.

Wer glaubt, Frauen interessieren sich nicht für Autos, liegt falsch, wie man auf dem Foto sieht. Diese Mädchen sind stolze Fahrerinnen eines Mercedes-Cabrios und eines offenen älteren Modells. Das simple Dreirad konnte da natürlich nicht mithalten. Die Spielautos waren heiße Flitzer, die mit den Füßen angetrieben wurden. Die Erwachsenen träumten in den 50er und 60er Jahren vom ersten eigenen Auto und waren stolz, wenn sie sich endlich ihren ersten VW Käfer leisten konnten. Für manchen erfüllte sich der Wunsch allerdings erst mal mit dem Spielzeugauto für den Sohn oder die Tochter.

Eine schicke Vespa ist nicht nur für die jungen Männer da. Diese Damen probierten 1959 gemeinsam den Motorroller einer Freundin aus. Fühlte sie sich sicher genug auf dem flotten Gefährt, stieg die Freundin hinten auf und sie drehten gemeinsam eine Runde.

Dieses junge Fräulein lässt sich mit ihrem „Bekannten“ auf dessen Motorrad fotografieren. Nur für das Bild darf sie mal vorn sitzen. Die todschicke Maschine mit Beiwagen ist eine Horex, genau das richtige Fahrzeug für einen Ausflug im Sommer 1959. Die Dame hat sich mit einem modischen breiten Gürtel für den Ausflug schick gemacht, der junge Mann trägt eine topmodische Haartolle.

Strahlend posiert Gaby auf dem rot-weißen Goggomobil-Coupé. Sie ist 19 Jahre jung, frisch verheiratet und bricht eben zu ihrer Hochzeitsreise auf. Das Auto bekam die junge Dame von ihrem Vater zur Hochzeit geschenkt. Das „Goggo“ schaffte 105 km/h Spitzengeschwindigkeit. Damit brauchte man, von der Mitte Deutschlands bis nach Rom, wenigstens 14 Stunden.

Dieses Erinnerungsbild aus dem Jahr 1954 wurde vor dem Start zu einer großen Reise an die Riviera gemacht. Die beiden Damen mussten allerdings zu Hause bleiben, während ihre Verlobten zu einer dreiwöchigen Tour von Marseille bis Genua aufbrachen. Der „heiße Ofen" ist eine BMW 25/2 mit 12 PS aus dem Jahr 1953.

▶ Im Sommer 1960 setzte sich Inge auf der DKW gekonnt in Szene. Das Motorrad auf Hochglanz poliert, die Kleidung bis hin zur Sonnenbrille topmodisch – da stand dem geplanten Sonntagsausflug ja nichts mehr im Wege.

▼ Okay, hier sitzt die „Frau" nicht selbst am Steuer, aber als Mitfahrerin verhält sie sich geradezu vorbildlich. ... und sicher hat sie später den roten Flitzer vom großen Bruder geerbt.

Gisela, die mit ihrer hoch toupierten Frisur beinahe das Wagendach des kleinen Autos berührt, genießt ihre Sinalco-Limonade. Sie hat in der engen Isetta ihre Schuhe ausgezogen und es sich bequem gemacht. Der Wagen ist so voll beladen, dass man kaum noch durch das hintere Fenster hinaussehen kann. Das zweisitzige Wägelchen von BMW wurde scherzhaft „Knutschkugel“ genannt.

Chic!

In den Fünfzigern gab es in der Mode mehrere kleine Revolutionen. Norma Jean Baker, so der bürgerliche Name von Marilyn Monroe, wurde mit blondiertem Haar zur Leinwandgöttin und zum Sexsymbol einer ganzen Generation. Alle Frauen wollten aussehen wie sie. Überhaupt versuchte man mit Vorliebe, Garderobe und Frisuren der damaligen Stars nachzuahmen. Für junge Männer war Elvis Presley das Vorbild. Der Rock'n'Roll war nicht einfach nur eine neue Musikrichtung, sondern ein neues Lebensgefühl. Wer dazugehören wollte, frisierte sich das Haar zur Elvis-Tolle. Die jungen Frauen trugen Petticoat, Pferdeschwanz, flache Ballerinas oder spitze Schuhe mit Pfennigabsätzen – sehr unbequem, aber todschick!
Erstmals in der Geschichte der Mode waren Jugendliche jetzt eine Zielgruppe der Modeindustrie. Es gab Kleidungsstücke, die auf Mode und Lebensstil der jungen Damen abgestimmt waren. Wer es sich nicht leisten konnte, den „letzten Schrei" zu kaufen, setzte sich an die Nähmaschine und nähte selbst: Capri-Hosen, karierte Blusen, Twinsets, kleine Halstücher und, und, und ...
Dann begann die Jugend aufzubegehren. Man rebellierte, zunächst vorsichtig, gegen die Eltern und deren Wertvorstellungen. James Dean und Marlon Brando waren die neuen Leinwandhelden, amerikanische Bluejeans der Modehit ...

Zu Helgas Geburtstagsfeier sind 1959 sieben Freundinnen im Petticoat und schicken Pumps erschienen. Ohne Petticoat ging man ohnehin nicht vor die Tür. Manchmal wurden mehrere übereinander gezogen! Petticoats gab es damals aus Baumwolle und festem Tüll. Sie wurden zum Stärken in dickflüssiges Zuckerwasser getaucht, damit sie gut standen.

Für Doris, die nach dem Krieg in der so genannten „Ostzone“ wohnte, war Mode natürlich genauso wichtig wie für die jungen Frauen im Westen. Hier präsentiert sie stolz ihren schönen Petticoat. Dazu trug man Ballerinas, kleine Blusen aus Waffelpiqué und häufig ein Nickituch, das um den Hals geknotet oder um den Kopf gebunden wurde.

▲Gisela hat sich für einen Spaziergang auf dem Berliner Ku'damm richtig fein gemacht. Zu den Filmfestspielen wurde sie gegenüber eines Filmplakats fotografiert. Besonders elegant sind die weißen Handschuhe und Schuhe, die zur Handtasche passen.
So schick, wird sie viele bewundernde Blicke geerntet haben.

▲Im Rahmen eines Hutwettbewerbs in den 50er Jahren präsentierte sich diese junge Dame mit dem Modell „Fliegenpilz“. Mit dieser Kreation auf dem Kopf und dem reizenden Lächeln hatte sie bestimmt große Chancen auf den Sieg.

▲Die drei jungen Damen tragen bestimmt gleich mehrere Petticoats unter ihren bauschigen hübschen Sommerkleidern. Als besonders flott galten auch Tupfen, die sich in den Fünfzigern in allen Farben und Größen auf Kleidern, Röcken und Blusen fanden.
Und warum nicht mal den Fotografen fotografieren ...?

◀ Grace Kelly alias Ursula 1960. Mit ihrem Kopftuch und der mondänen Sonnenbrille sieht sie aus wie ein amerikanischer Filmstar, der gleich zu einer Ausfahrt im Cabriolet abgeholt wird. Die Stars aus Hollywood waren lange Zeit in Modefragen tonangebend. Kurze Zeit später war es vorbei mit den züchtigen Knie bedeckenden Röcken und Kleidern. Dann kam der „New Look“ mit der Mini-Mode auf und das superschlanke englische Mannequin Twiggy war das neue Schönheitsideal.

▲ Auf Pfennigabsätzen stöckeln diese beiden Damen über die Deutsch-Französische Gartenschau in Saarbrücken, die 1960 beiderseits der Landesgrenze stattfand. Rosemarie und ihre Freundin Christel sind in ihren schicken Sommerkleidern und mit den topmodischen Taschen sicher nicht nur dem Fotografen ins Auge gefallen.

◀ Bekleidet mit kleinen Absätzen, großen Mantelknöpfen und einer wolligen Mütze war die junge Lydia im Winter 1961 auf der Höhe der aktuellen Mode. Todschick auch das Körbchen rechts, geradezu wie aus einem Modejournal.

▲1960: Sonntagsausflug ins Grüne. Die beiden Mädels haben sich so schick gemacht, dass das unbedingt auf einem Erinnerungsfoto festgehalten werden musste. Weiße Söckchen zum Glockenrock – sehr schick. Und erst die Sonnenbrillen ...

◀ Ursula und ihre Freunde spielten 1961 im gemeinsamen Urlaub am Bodensee Karten. Damals waren die „Baby-Dolls", kurze weit schwingende Nachthemden, groß in Mode. Der Rocksaum rutschte langsam immer höher bis weit übers Knie – Mini war angesagt auch beim Nachthemd.

▲ In der Sechzigern träumte man vom Urlaub im Süden, von Italien, Spanien und Frankreich, aber nur wenige konnten sich derart weite Reisen leisten. Und für wen die große Adria noch unerreichbar war, der sonnte sich eben an der „kleinen Adria“ bei Dessau, wie Kerstin mit Mutter und Schwester. Den schicken Badeanzug konnte man schließlich auch präsentieren.

◀ In der so genannten „Ostzone“ mussten die Menschen regelmäßig zum Ernteeinsatz ausrücken. Ilse ist hier mit angehenden Kindergärtnerinnen zur Zwiebelernte beordert worden. Es muss ein heißer Sommer gewesen sein, sodass uns die jungen Damen eine Modenschau zum Thema „Ostdeutsche Wäschemode anno 1960“ präsentieren.

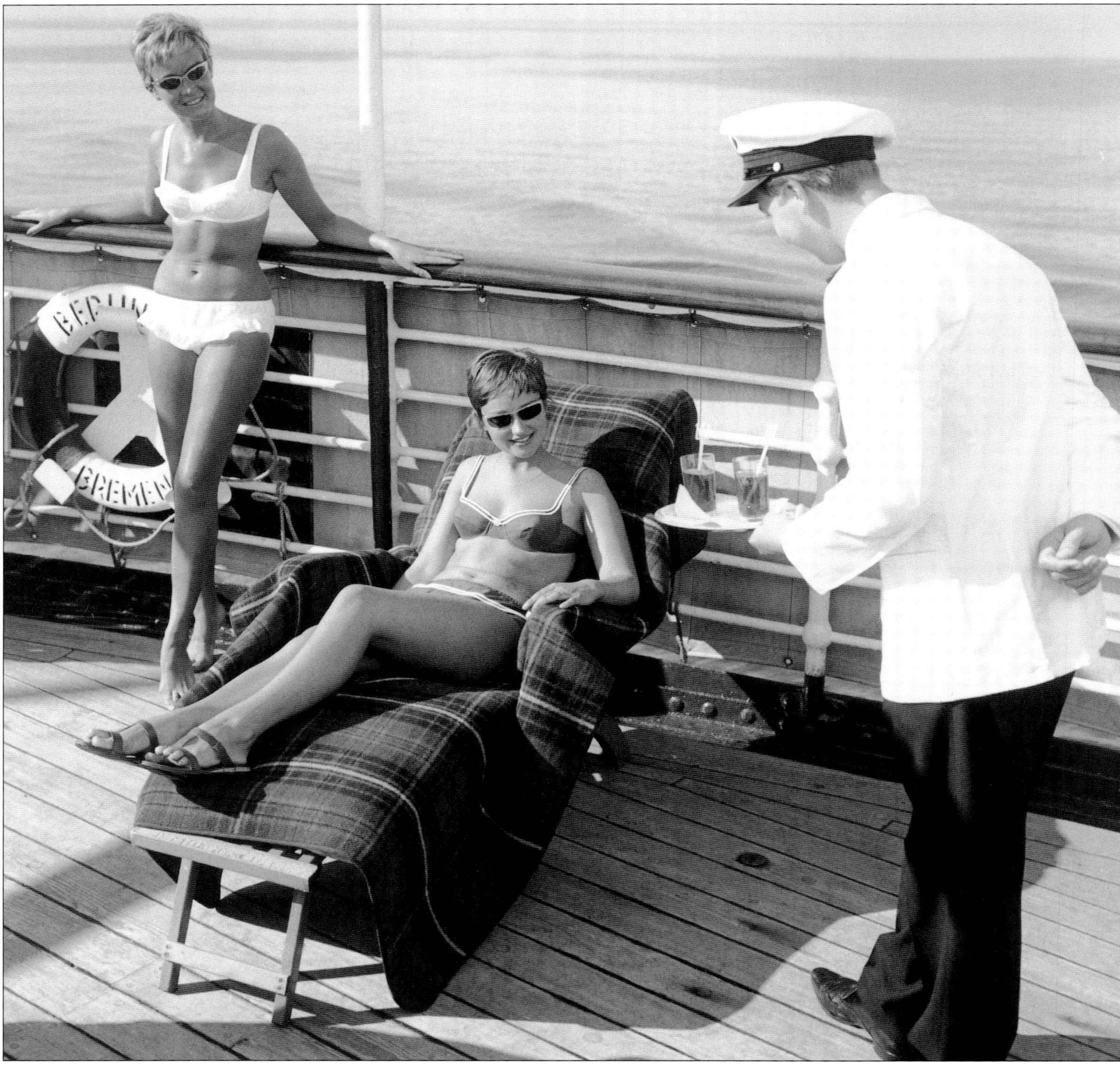

▲ Wie aus der Werbung, könnte man denken, wenn man die hübschen Mädchen an Deck sieht. Und tatsächlich wurde so Anfang der 60er Jahre für die ersten Kreuzfahrten nach Gran Canaria oder in die Karibik geworben. Die Mädchen sind topmodisch gestylt und ihrer Zeit fast schon ein wenig voraus im Bikini und mit Bubikopf. Das machte Lust auf die große, weite Welt ...

▶ Der Minirock der Designerin Mary Quant löste in den Sechzigern die größte Moderevolution des 20. Jahrhunderts aus. Er sorgte für einen Skandal, weil er die Oberschenkel zeigte, was bis dahin undenkbar gewesen war. Trotzdem trat der Rock seinen unaufhaltsamen Siegeszug an und ist aus der Mode nicht mehr wegzudenken. Die junge Frau trägt hier einen Faltenminirock, der doppelt schick ist, weil auch Faltenröcke damals im Trend lagen.

ROTES KREUZ
FEUER • POLIZEI

Hauptsache toupiert!

1963 feierten die Beatles erste Erfolge. Später sollten sie zu der bis heute erfolgreichsten Band der Musikgeschichte werden und die Rock- und Popmusik entscheidend prägen. Mit ihrem Riesenerfolg kamen auch die berühmten Pilzköpfe in Mode. Millionen junger Männer ließen sich plötzlich die Haare wachsen.

Die jungen Damen der Sechziger hingegen toupierten ihr Haar mit viel Geduld, Kamm und Haarspray zu beachtlichen Türmen auf. Glamouröse Hochfrisuren waren beliebt, Film- und Schlagerstars hatten es vorgemacht. Das Klischee der Dame, die ihren Verehrer im heimischen Wohnzimmer eine Ewigkeit warten lässt, weil sie im Bad vor dem Spiegel steht, muss in diesen Jahren entstanden sein. Der Verehrer durfte das Gebilde auf dem Kopf der jungen Dame auf keinen Fall berühren, weil die fragile Pracht, von großen Mengen Haarspray zusammengehalten, sonst in sich zusammenfiel. Kleine Tricks waren den Frauen beim „Bau" der Frisur gestattet: Für diejenigen, die von Natur aus keine so üppige Mähnen hatten, gab es Haarteile, die auch ihnen das Tragen der modischen Hochfrisur ermöglichten, schließlich wollte man ja dazugehören.

Drei-Wetter-Taft war damals schon das Haarspray der Wahl. Schließlich versprach die Werbung, der Haarfestiger könne Regen, Wind und Sonne trotzen – gestern wie heute eine Fehleinschätzung, wie wir wissen.

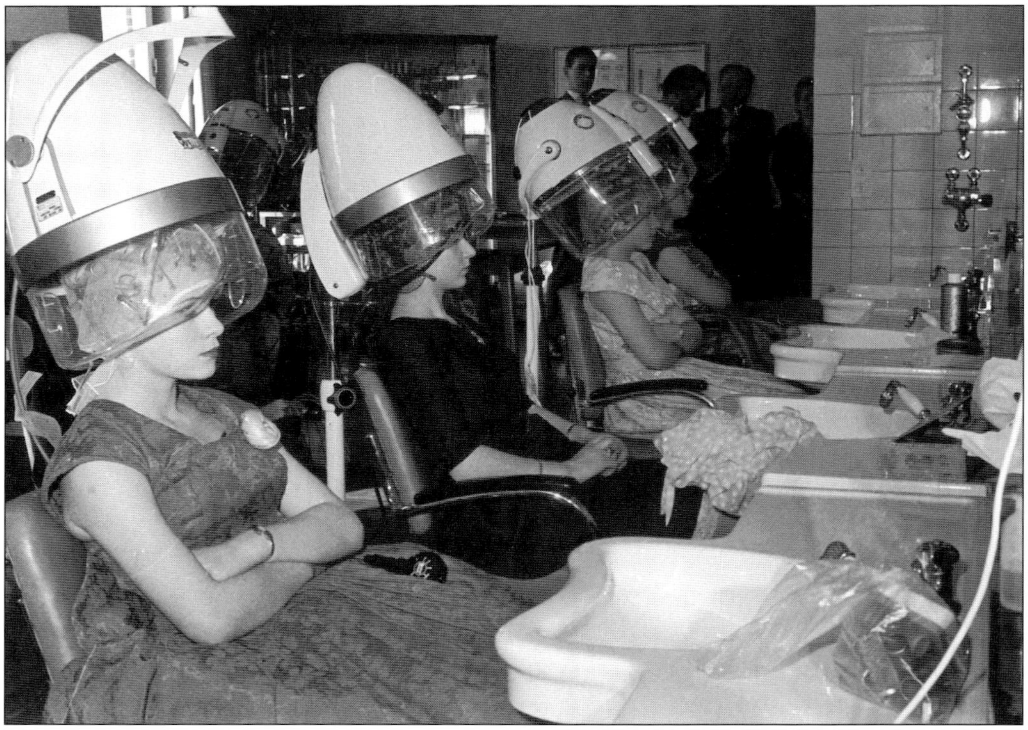

▲ ▼ Wer schön sein will, muss leiden und unter der Trockenhaube „schmoren". Die aufgedrehten Haare wurden dadurch entweder zur Wasserwelle oder zur Dauerwelle. Nach dieser Prozedur, die manchmal recht unangenehm war, weil sich die Temperatur der Trockenhauben nicht immer einwandfrei regulieren ließ, wurde toupiert. Kunstvoll „baute" der Friseur aus dem toupierten Haar eine Frisur, die mit viel Haarspray fixiert wurde. Idealerweise hielt das Gebilde bis zum nächsten Friseurbesuch. Die tägliche Haarwäsche, wie sie heute selbstverständlich ist, kam damals nicht in Frage.

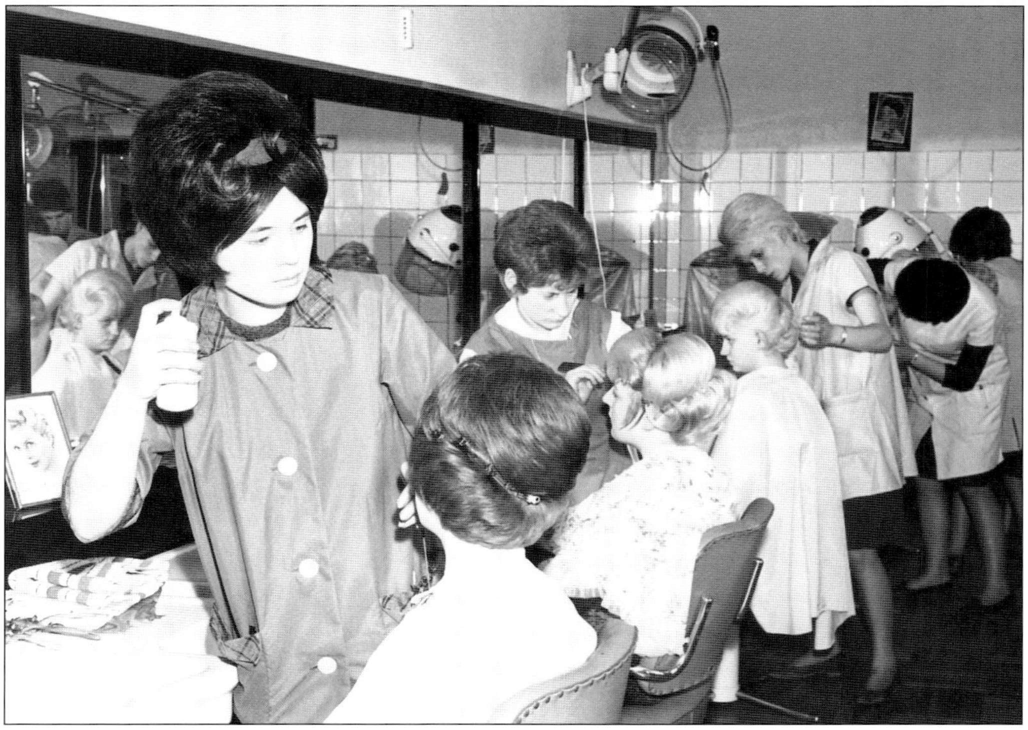

◀ Diese Konfirmandinnen zeigen sich modebewusst und tragen aktuelle Turmfrisuren mit Myrtenkränzchen im Haar. Die jungen Damen waren 1966 sicher alle mit den nötigen Haarteilen, Kämmen zum Toupieren und Taft-Haarspray ausgerüstet. Taft-Haarspray war für damalige Verhältnisse mit etwa 4,80 DM teuer, hielt aber die Frisur quasi luxuriös in Form.

▲ Die flotte Frisur der jungen Dame steht im merkwürdigen Kontrast zur etwas altbackenen Schürze, obwohl diese damals noch weit verbreitet waren und bei der Hausarbeit gern getragen wurden. Bei der Frisur zeichnet sich schon der neue Trend der 60er Jahre ab – weg von der toupierten Turmfrisur hin zu mehr Natürlichkeit.

▲ Christels Turmfrisur hat eine beinahe rekordverdächtige Höhe erreicht. Ein Schleier schützt „den Turm" beim sommerlichen Landausflug vor Wind und Regen. Die Damen versuchten den Vorbildern aus den Medien, das waren damals hauptsächlich das Kino und die Werbung bzw. die Modezeitschriften, nachzueifern – daran hat sich im Vergleich zu heute nicht wirklich etwas geändert.

◀ Auch die „gemäßigte" Form der toupierten Hochfrisur, wie sie die beiden jungen Damen tragen, war sehr schick und in jedem Fall weiter verbreitet als die rekordverdächtigen „Haartürme", egal ob blond oder dunkelhaarig.

Typisch 50er und 60er!

Ein schmaler Holzreifen, 1958 erfunden, löste Ende der Fünfzigerjahre ein wahres „Hula-Hoop-Fieber" aus. Beinahe jedes junge Mädchen versuchte sich an der Kunst, den Reifen um Hüfte, Arme oder Hals kreisen zu lassen. Wahre Könner ließen gleich mehrere Reifen auf einmal rotieren.
Für Kinder war das Jo-Jo ein Hit. Man ließ das Holzröllchen am Faden auf und ab laufen und wetteiferte mit den Kameraden, wer es am längsten schaffte.
Für Erwachsene gab es nun viele Dinge, die man einfach haben musste. Man war wer, wenn man ein Fernsehgerät, eine Musiktruhe, eine Waschmaschine, einen modernen Kühlschrank oder ein Auto besaß. Am besten natürlich alles gleichzeitig. Das aber schaffte kaum eine Familie und so wurde nach und nach angeschafft, was man für schick und wichtig hielt. Oft mussten beide Ehepartner arbeiten, um sich diese Konsumwünsche erfüllen zu können.
In den Sechzigern waren die Deutschen wieder wer und zeigten gern, was sie hatten. Partys waren eine der typischen Unterhaltungsformen dieser Jahre und immer auch gesellschaftliches Ereignis. Man baute die alte Waschküche oder den Vorratskeller zum Partykeller um und ließ zu Karneval, an Silvester und zu den Geburtstagen wilde Partys steigen ...

Ingrid hat den Bogen raus, geschickt lässt sie den Hula-Hoop-Reifen um ihren Hals kreisen. Sie gehörten in den 50er und 60er Jahren zur hohen Schule der modernen Freizeitbeschäftigung. Ende der fünfziger Jahre gab es ein wahres Hula-Hoop-Fieber. Die bunten Reifen, 1958 erfunden, wurden zum Symbol für die Wirtschaftswunderzeit.

▲ Und auch das ist typisch 50er und 60er Jahre – die Musiktruhe! Jutta bekam den Plattenspieler 1958 zu ihrem 18. Geburtstag geschenkt. Natürlich hat sie sich an diesem besonderen Tag auch besonders schick gemacht mit Petticoat und Schuhen mit hohen Pfennigabsätzen. Da stand der Geburtstagsparty mit Musik und Tanz ja nichts mehr im Wege!

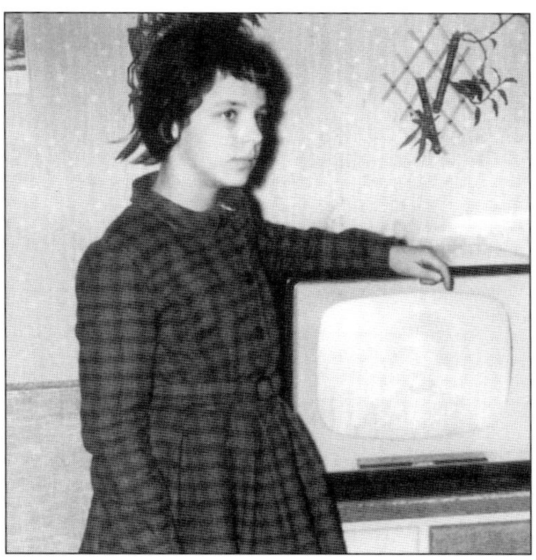

▲ Die zwölfjährige Ursula lässt sich stolz mit dem neuen Fernsehgerät fotografieren. Die Familie konnte sich 1959 endlich den ersten Fernseher leisten. In der Bundesrepublik fing die Ausstrahlung des öffentlichen Fernsehens 1952 an. In den Anfangsjahren gab es in Deutschland nur Schwarz-Weiß-Geräte, Farbfernsehen erst ab 1967.

▲ Diese jungen Damen sind stilecht in Schwarzwaldtracht kostümierte Platzanweiserinnen des Bochumer Gloria-Filmtheaters, die die Zuschauer 1951 zum Film „Schwarzwaldmädel“ empfangen. Der erste deutsche Nachkriegsfarbfilm mit dem Traumpaar der frühen 50er Jahre, Sonja Ziemann und Rudolf Prack, sorgte in Deutschland für volle Kinokassen.

Wahlen zur
„MISS GERMANY"
16

▲ In den 60er Jahren hatte jeder plötzlich einen Partykeller. Ehemalige Waschküchen und Vorratskeller wurden umgebaut und die Partys konnten steigen. Hier feiert Rüdiger mit seinen Freunden. Der Wandschmuck besteht aus Starpostern, die Jugendzeitschriften wie die „Bravo" veröffentlichten. Typisch 60er sind auch die Frisuren und die Mode – je länger die Haare wurden, desto kürzer wurden die Kleider ...

◀ Im Bremen der 50er Jahre waren die ersten Wahlen zur „Miss Germany" am 1. Juni 1951 eine Sensation. Schönheitswettbewerbe hatten etwas Magisches. Die Frauen genossen es, sich nach dem Krieg zu Beginn des Wirtschaftswunders wieder schön machen zu können und ahmten mit Vorliebe Kleidung und Frisuren bekannter Filmschauspieler nach. Die Männer genossen den schönen Anblick ihrer Freundin oder Frau ...

◀ Hildegard hat mit ihrem tragbaren Kofferradio einen Hit der 60er Jahre auf dem Schoß. Endlich war man mobil, konnte das kleine batteriebetriebene Gerät überallhin mitnehmen. Das Radio dudelte nun im Freibad, beim Camping oder im Stadtpark.
Ein Renner auch der Korbstuhl im neuen Design. Die alten Möbel der Eltern hatten ein für alle Mal ausgedient. Jetzt wollte man Nierentische, Tütenlampen und bunte Tapeten an den Wänden.

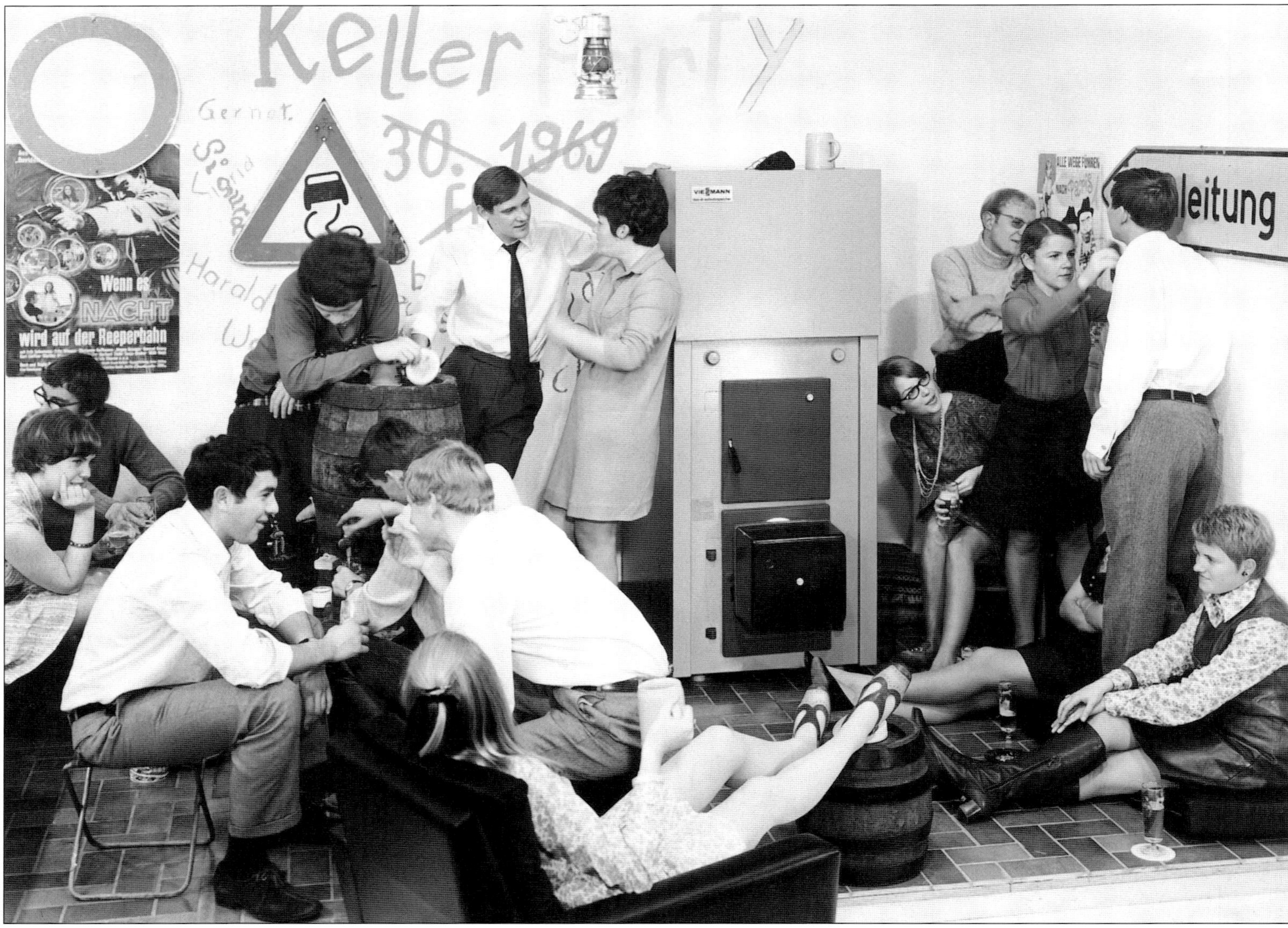

▲ Und noch eine Kellerparty? Nicht wirklich. Aber offensichtlich waren Kellerpartys in den 60ern so trendy, dass sogar die Firma Viessmann mit einem solchen Bild für ihre Heizkessel Werbung betrieb. Renate – im modischen Outfit mit langen Stiefeln lehnt sie rechts an der Wand – erinnert sich jedenfalls noch lebhaft an die Szene.

▶ Stolz wurde 1951 die Tochter mit dem ersten Kofferradio aufs Foto gebannt. Und die kleine Christl – sie war damals sieben Jahre alt – wusste auch schon ganz genau, wie man mit dem neuen Gerät umging: Achtung, hier spielt die Musik!

◀ 1961 war er noch Regierender Bürgermeister von Berlin – Willy Brandt. Während des Bundestagswahlkampfes bereiste er aber ganz Deutschland und kam auch nach Langgöns, wie das Foto mit der kleinen Doris beweist. Sie hatte ihm zuvor einen Blumenstrauß überreicht und ließ sich ohne Scheu von dem sympathischen Mann auf den Arm nehmen.

▼ Am Weihnachtsabend 1954 schlug das Herz der kleinen Regina höher. Die Geschenke, ein Würfel, eine Puppe und ein Puppengeschirr, waren eine Riesenüberraschung für das kleine Mädchen – man ahnt es, wenn man das Foto betrachtet.
Der Christbaum wurde damals mit Lametta, Silberkugeln und Zuckerkringeln geschmückt.

Wir werden erwachsen!

Die „Fräuleins“ der 50er und 60er Jahre wurden Sekretärin, Verkäuferin oder Krankenschwester. Noch war es die Regel, dass Frauen nur so lange arbeiteten, bis sie verheiratet waren und das erste Kind da war. Dann wurde der Mann zum Alleinverdiener, die Frau blieb zu Hause. Doch die Zahl der Frauen, die Geld nach Hause bringen mussten, nahm in den 50er Jahren zu. Man wollte sich etwas leisten und das kostete natürlich Geld. Welch ein Glück, wenn es endlich für die erste Reise in den Süden reichte, wenn man in Italien und Spanien dem deutschen Schmuddelwetter entfliehen konnte. Damals fingen die Leute an zu fotografieren. Kameras waren erschwinglich und leicht zu bedienen. Man lichtete ab, was man sich buchstäblich erarbeitet hatte und worauf man stolz war – zu Hause und im Urlaub. Es wurden auch endlose Serien verwackelter Urlaubsdias geschossen, die man zu Hause der Nachbar- und Verwandtschaft mit dem Projektor vorführte. So vergewisserte man sich selbst und der Nachwelt, dass man auch tatsächlich dort gewesen ist ... Zu Hause ging man in die Tanzschule, besuchte Kurse für Gesichtspflege, Make-up und Kosmetik und übte sicheres Auftreten. Noch repräsentierte die Dame an der Seite ihres Mannes, besonders wenn er den gesellschaftlichen Aufstieg endlich geschafft hatte und damit der Familie ein sorgenfreies Leben ermöglichen konnte.

Büroberufe galten in den 50er und 60er Jahren als typische Frauenberufe. In der kaufmännischen Berufsschule lernten diese jungen Frauen auf modernen elektrischen Schreibmaschinen flottes Tippen. 1964 waren die Maschinen eine besondere Errungenschaft der Schule. Die Berufsschulbildung war damals insgesamt umfassender und anspruchsvoller als heute.

◀ Diese jungen Frauen arbeiteten als Zuschneiderinnen in der Textilindustrie – auch das ein typischer Frauenberuf. Die Anzahl der Frauen, die Geld nach Hause bringen mussten, nahm in den 50er Jahren zu. Oft waren beide Ehepartner gezwungen, das nötige Geld für die Familie zu verdienen. Die Kinder blieben dann häufig nach der Schule sich selbst überlassen – waren so genannte Schlüsselkinder.

▼ Zahlreiche Fräulein arbeiteten als Verkäuferin oder als Bedienung im Restaurant. Diese freundlichen Damen bedienten im Lebensmittelladen. Selbstbedienung kam erst langsam auf, und bald schaute man sich von den Amerikanern die Supermärkte ab. Die Geschäfte machten mittags für zwei oder drei Stunden zu, damit zu Hause gekocht und gegessen werden konnte. Abends war um sechs Uhr Ladenschluss.

In den Fünfzigern gab es in Deutschland zahlreiche Zigarrenfabriken und dort vor allem Frauenarbeitsplätze, wie hier am Zigarrenwickeltisch. Wer dort Arbeit fand und dazuverdienen konnte, konnte sich glücklich schätzen. Das Foto aus dem Jahr 1955 zeigt Arbeiterinnen, die mit geschickten Händen in mühevoller Handarbeit Zigarren drehen. Die Werkmeister begutachten mit kritischem Auge die Produkte.

In der landwirtschaftlichen Berufsschule in Gießen lernte die zukünftige Landfrau in den 50er Jahren alles, was sie über die Hof- und Haushaltsführung wissen musste. Der Alltag einer Landfrau war in den 50er Jahren hart, schließlich gab es von früh bis spät im Haus und auf dem Hof immer etwas zu tun. Trotzdem gingen später viele Landfrauen (und -männer) zur Arbeit in die Fabrik, weil die Landwirtschaft die Familie nicht mehr ernährte. Der Hof wurde dann häufig nur noch als Nebenerwerbsquelle genutzt.

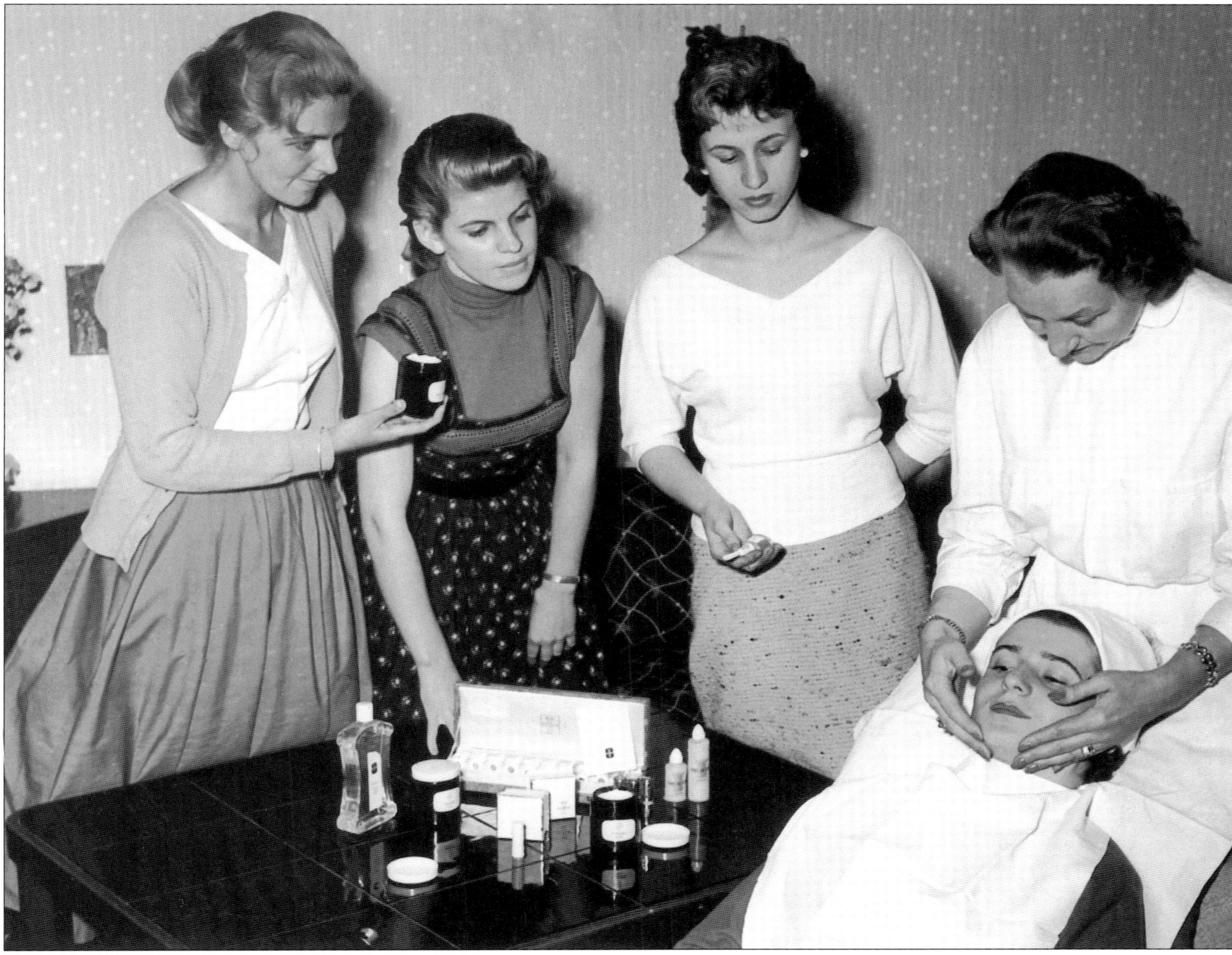

▲ Auf der Komorowski-Schule in Frankfurt am Main konnte man in den 50er Jahren Lehrgänge über Kosmetik besuchen. Die Mädchen konnten sich z. B. zur Kosmetikerin ausbilden lassen. Aber auch junge Damen aus der Modebranche, wie Mannequins und Direktricen oder angehende Stewardessen, zählten zu den Schülerinnen. Hier lernten sie den richtigen Umgang mit den zahlreichen neu aufkommenden Kosmetikprodukten und sich möglichst vorteilhaft in Szene zu setzen. Auch sicheres Auftreten und das richtige Gefühl für Takt und Höflichkeit wurden gelehrt – jawohl.

◀ Das „Fräulein Dagmar“ vor der Kinderklinik. Ja, so wurden die unverheirateten Damen damals angesprochen. Und da spielte es keine Rolle, ob die Mädchen schon mit beiden Beinen im Berufsleben standen, und auch das Alter war nicht ausschlaggebend. Erst mit zunehmender Emanzipation wurde diese Anrede in Frage gestellt und verschwand nach und nach aus dem täglichen Sprachgebrauch.

Auf die richtige Haltung und den richtigen Gang kommt es an. Das wussten schon die Mütter und Großmütter, die ihre Töchter bei Tisch ermahnten, gerade zu sitzen. Die Damen im Bild schreiten elegant auf hohen Absätzen und jede wird sich ins Zeug gelegt haben, damit das Buch nicht vom Kopf rutschte. Das beugt nicht nur Rückenschmerzen vor, sondern qualifiziert auch für eine Karriere als Mannequin.

▲ In ordentlichen Schürzen hielten diese beiden jungen Verkäuferinnen in den 50er Jahren Ausschau nach Kundschaft. Sie arbeiteten in einer Buchhandlung.
Vom wilden Pferdeschwanz und Petticoat ist hier allerdings noch nichts zu sehen, das war wohl eher etwas für den Feierabend. Im Laden war ein gepflegtes Äußeres mit Rock, Bluse und hochgestecktem Haar gefragt, insbesondere in der Kleinstadt.

Etwas gut zu können, macht Freude und dem heiteren Gesicht dieser jungen Dame nach zu urteilen, scheint es mit dem Zehn-Finger-Tastsystem auf der Schreibmaschine prima zu klappen. Adrett ist die Turmfrisur der Schülerin, hochgeschlossen ist ihr Kleid – auf ein angemessenes Äußeres der zukünftigen Sekretärin wurde offensichtlich Wert gelegt.

Zwischen Abschlussball und Rock 'n' Roll

Zwischen den Damen und Herren der 50er Jahre herrschte „der gute Ton“. Anstand und Sitte wurden groß geschrieben. Lernen konnte man diese in den Tanzschulen, die eifrig besucht wurden. Hier bekamen die jungen Leute in diesen sittenstrengen Jahren oft zum ersten Mal Kontakt zum anderen Geschlecht, mancher lernte gar den Mann oder die Frau fürs Leben kennen. Wichtig war, und das musste in der Tanzstunde geübt werden, wie der Herr der Dame korrekt in den Mantel hilft, wie man Konversation macht und wer wem in welcher Reihenfolge vorgestellt wird.
Beim Abschlussball konnte man zeigen, was man gelernt hatte. Die Mittel- und Abschlussbälle waren ein Ereignis. Zu beiden Bällen brauchten die jungen Damen je ein neues Kleid, dem jungen Herren spendierten die Eltern einen Anzug.
Aber schon Mitte der Fünfziger wurden auch andere Töne laut. Elvis Presley hatte mit seiner Single „Heartbreak Hotel“ 1956 Platz eins der amerikanischen Hitparaden erreicht, und jeder wollte plötzlich so sein wie er und natürlich so tanzen. Sein sündiger Hüftschwung brachte die jungen Frauen zum Kreischen und der Ohnmacht nahe. 1960 wurde das Rock-'n'-Roll-Fieber vom Twist abgelöst. Getanzt wurde in mäßigem Viervierteltakt, die Tänzer verrenkten ihre Glieder in gekrümmter Haltung kunstvoll und knickten dabei in den Knien ein.

▲ Auf Hans-Joachims Tanzstunden-Abschlussball 1957 war alles sehr streng geregelt. Die jungen Damen kamen im schicken Kleid, die jungen Herren trugen Anzug. Man wusste sich zu benehmen. Schließlich lernte man in der Tanzstunde nicht nur Wiener Walzer und Foxtrott, sondern auch den höflichen Umgang mit dem anderen Geschlecht. Die Jungs und Mädels machen allerdings noch einen etwas verunsicherten Eindruck.

◀ Die Mittel- und Abschlussbälle der Tanzschule waren ein Ereignis. Zu beiden Bällen brauchten die jungen Damen je ein neues Kleid. Alkohol war eigentlich tabu, aber zum großen Ball durfte es schon mal ein Gläschen Wein sein. Schließlich war man jetzt erwachsen, wenigstens beinahe. Ansonsten ging es auf den Bällen der Jahre 1957 und 1958 sehr gesittet und korrekt zu.

▲ Der gestrenge Vater ließ die 17-Jährige 1967 nicht aus dem Haus. Nur Tanzstunden waren erlaubt, und so nutzte Marlies diese Gelegenheit, um unter die Leute zu kommen. Längst ging es in den Tanzschulen nicht mehr so steif zu. Und beim Twist-Tanzen lernte Marlies prompt den Mann fürs Leben kennen. Natürlich wurde, nach einer angemessenen Verlobungszeit, bald geheiratet.

◀ ▲ In den 50er Jahren wurde bezüglich der Kinderziehung aus heutiger Sicht in so mancher Hinsicht übertrieben. So wurden schon Kinder ab fünf Jahren in die Tanzschule geschickt. Allerdings nicht in erster Linie um die richtigen Tanzschritte zu lernen. Das Hauptaugenmerk lag auf den Umgangsformen. Und da half der kleine Kavalier der „Mini-Dame" schon mal galant in den Mantel.

▲ Auf Inges Klassentreffen wird 1962 der topaktuelle „Peppermint Twist" getanzt. Der Modetanz der frühen sechziger Jahre löste den Rock'n'Roll ab. Twist wurde vom afroamerikanischen Rock-'n'-Roll-Musiker Chubby Checker erfunden, der 1960 mit seinem Lied „The Twist" an die Spitze der amerikanischen Hitparade stürmte. Das Stück gab dem Tanz den Namen und löste eine weltweite Twist-Begeisterung aus.

Am 23. Oktober 1958 traten sie in Wiesbaden auf, Bill Haley und die Comets. Die Mädchen dürften beim Anblick „ihres“ Stars reihenweise in Ohnmacht gefallen sein, etliche versuchten sogar, über eine Leiter in die Künstlergarderobe einzusteigen. Da soll noch einer behaupten, hysterische Fans seien eine Erscheinung der heutigen Zeit!

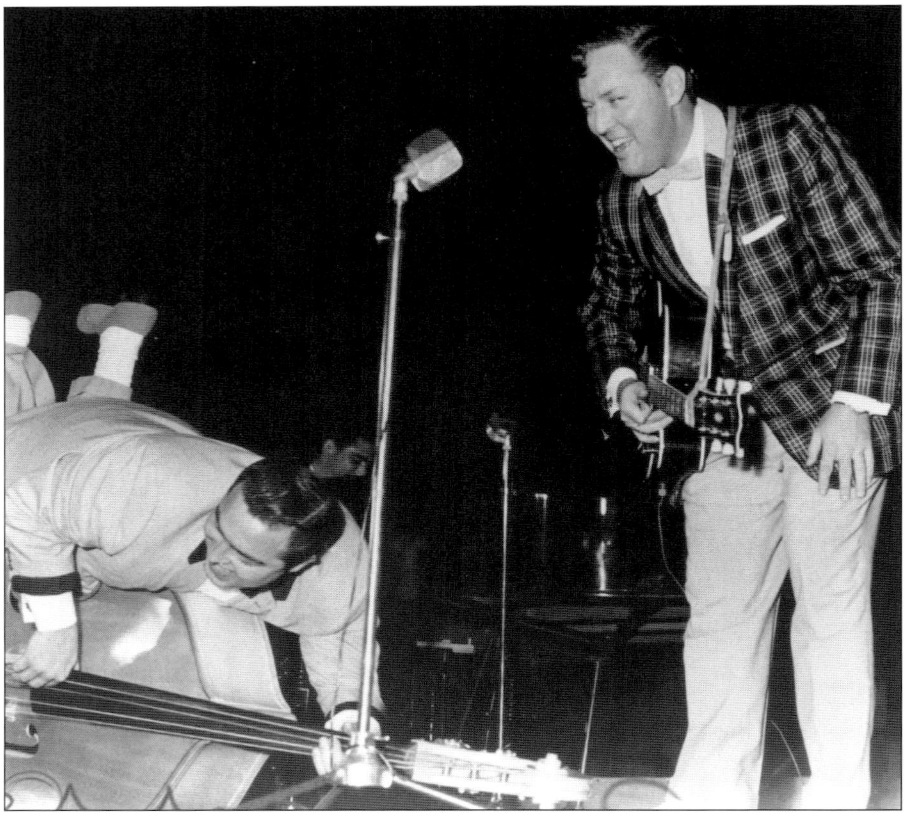

Welch ein Auftritt – da stimmt jede Bewegung, und zwar buchstäblich bis in die Fingerspitzen. Kein Wunder, schließlich haben wir es hier 1957 mit dem Weltmeisterehepaar in den Standardtänzen aus Südafrika zu tun. Und offensichtlich herrschte dort bei den jungen Damen die gleiche Mode mit Petticoat und Pfennigabsatz wie hierzulande.

Verliebt!

Das war eine der Sensationen der 60er Jahre. Öffentlich Händchenhalten wurde plötzlich möglich und niemand empörte sich mehr lautstark oder rümpfte die Nase. Was in den frühen 50er Jahren undenkbar war, gehörte in den Städten nun zum Alltagsbild. Für manche älteren Menschen waren schmusende Pärchen im Straßenbild jedoch ein Schock. Die Jungen scherten sich nicht darum und genossen ihre neue Freiheit.

Weitere Bücher aus dem Wartberg Verlag

Auch über Ihre Stadt und Region sind Bücher im Wartberg Verlag erschienen. Sie möchten sich informieren?

Schreiben Sie uns und fordern Sie unser aktuelles Verlagsverzeichnis an:

Wartberg Verlag GmbH & Co. KG
Im Wiesental 1
34281 Gudensberg-Gleichen

Rufen Sie uns an:
Telefon: 0 56 03 – 9 30 50

Faxen Sie uns:
Fax: 0 56 03 – 93 05 28

Informieren Sie sich im Internet:
www.wartberg-verlag.de

Wartberg Verlag GmbH & Co. KG
Im Wiesental 1 • 34281 Gudensberg-Gleichen
Tel.: 0 56 03/9 30 50 • Fax: 0 56 03 – 93 05 28 • www.wartberg-verlag.de